LE POSITIVISME

ET LA

SCIENCE CONTEMPORAINE

PAR

Le Docteur G. AUDIFFRENT

L'un des exécuteurs testamentaires d'AUGUSTE COMTE

PARIS

P. RITTI, ÉDITEUR

76, AVENUE DU MAINE, 76

1896

LE POSITIVISME

ET LA

SCIENCE CONTEMPORAINE

LE POSITIVISME

ET

LA SCIENCE CONTEMPORAINE

§ I. — Les obstacles à l'avènement du Positivisme

De toutes les doctrines qui ont paru vers le commencement de ce siècle, une seule s'est maintenue jusqu'ici ; c'est le Positivisme. C'est vers le milieu de la Restauration, en 1822, qu'il vint au jour, marquant son apparition par la découverte de la grande loi qui fixe la marche de l'entendement humain. Dès les premiers travaux de son immortel fondateur, il s'éleva rapidement à la hauteur, où il s'est soutenu depuis. On ne put dès son apparition méconnaître ni le but qu'il s'assignait, ni son caractère essentiellement religieux. Il semblait en quelque sorte s'imposer, vu l'état d'épuisement où se trouvaient alors toutes les vieilles croyances du passé, qu'on ne pouvait espérer de jamais relever, par cela même qu'il n'était plus permis de douter de l'existence des lois, qui président à la succession des évènements sociaux. Le domaine social et moral, le seul que la science avait laissé à la théologie, lui était, de la sorte définitivement ravi.

L'obligation de constituer de nouveaux moyens de

direction s'imposait donc plus que jamais, et l'état
de désarroi, où se trouvaient les plus respectables
institutions, restées ainsi sans consécration, y invitait naturellement tous ceux qui avaient charges
d'âmes, ou qui par la nature de leurs fonctions
semblaient investis de l'exploration du domaine de
la pensée. C'était aux divers clergés, chargés de la
direction des consciences et des cœurs, et plus encore
aux savants et aux penseurs que devait spécialement
s'adresser celui, qui, jeune encore, osait concevoir la
régénération du monde. Le scepticisme et la cupidité
n'avaient pas encore, comme de nos jours, envahi les
esprits et les cœurs. Dans la situation où se trouvait
une société à peine revenue du trouble, où l'avait
laissé le tourment révolutionnaire, du siècle antérieur,
quand tout était encore fluctuant autour d'elle, il y
avait lieu d'espérer que l'appel du jeune philosophe
recevrait de ceux à qui il s'adressait un chaleureux
accueil. Après un brillant début, qui réunit autour
de lui toutes les célébrités scientifiques du temps,
il ne fut pas moins réduit plus tard, à poursuivre
seul, mais avec un invincible courage, l'œuvre qu'il
s'était assignée. Les savants s'étaient laissés absorber
dans leurs spécialités, les littérateurs, alliés aux
journalistes, étaient incapables de le comprendre.
C'est dans ces conditions qu'il fallait triompher.
L'œuvre poursuivie n'était certes pas prématurée, car
le trouble croissant des consciences, et les difficultés
de toutes sortes qu'éprouvaient les hommes d'état à
maintenir l'ordre dans les choses, ne pouvaient laisser

aucun doute sur la nécessité de constituer au plus tôt de nouveaux moyens de gouvernement, tant spirituels que temporels.

La marche des évènements, depuis la première tentative du philosophe adolescent jusqu'à nos jours, ne peut que justifier désormais le noble appel qu'il osa faire à ceux qu'il croyait en état de l'entendre. Il n'est point, en effet, d'esprit sérieux, point d'homme capable de réfléchir sur les conditions de la stabilité sociale, qui ne voie de nos jours la décomposition croissante de notre vieille société. Peuvent-ils méconnaitre qu'un tel état de choses n'ait pour principale cause, ainsi que l'indiquait le jeune philosophe, le désaccord, de plus en plus manifeste, qui règne désormais entre l'antique foi et la réalité ? Peuvent-ils ne pas comprendre, pour peu qu'ils soient affranchis de certains préjugés, qu'un pareil désaccord devait laisser bientôt sans consécration toutes les anciennes autorités ainsi que les plus recommandables institutions. Comment en de semblables conditions concilier les éternels besoins du cœur et les exigences de l'esprit? Telle est la question qui se posera toujours. Où en chercher la solution ? C'est à la science elle-même, à ce grand dissolvant qu'il faut la demander a répondu le grand philosophe, mais à la science s'élevant enfin des plus simples phénomènes aux plus complexes, c'est-à-dire des phénomènes de l'étendue et du mouvement aux phénomènes sociaux et moraux.

Pour ceux qui croient à la nécessité de procéder sans plus tarder à une telle réconciliation et à la possibilité de l'assurer par un appel à la science, ainsi agrandie et annoblie, il est une autre question qui doit se présenter à leur esprit.

Comment, doivent-ils se demander, plus de deux générations après son arrivée au jour, une doctrine qui s'élève, dit-on, sur la science elle-même, c'est-à-dire sur la démonstration, que tout semble réclamer, se trouve encore réduite, pour ainsi dire, à marquer le pas à la suite de toutes les utopies contemporaines ? Comment n'a-t-elle pas obtenu encore la juste autorité que semble réclamer la mission qu'elle s'est assignée ?

Malgré la confiance qu'elle paraît inspirer à ses propagateurs, ne peut-on croire à son insuffisance, au moins dans le moment ? S'ils ne se font point d'illusion sur sa véritable portée, sur son opportunité, à quelle cause, doivent-ils se demander, attribuer ses insuccès ?

Ecartant la première supposition, elle a dit-on, à la mort prématurée du fondateur subi une déviation tout intellectuelle qui en a faussé l'esprit. Serait-ce là la véritable cause de ses insuccès ?

Une telle déviation n'a pu sans doute que lui être funeste ; mais depuis longtemps les efforts de ses légitimes propagateurs ont dignement réagi contre ses déplorables effets et lui ont rendu son vrai caractère. Il n'est personne, en effet, de nos jours qui ne sache où trouver la vraie filiation avec le maître.

La mort qui a enlevé le grand novateur à son œuvre, pas plus que la déviation mentale que nous venons de signaler, n'a pu réduire le Positivisme à l'état de stagnation, où nous le trouvons aujourd'hui. Il faut donc chercher ailleurs, les véritables causes du retard que nous constatons dans sa marche. Les conversations intimes de la dernière heure nous autorisent à croire que le philosophe expirant avait vu lui-même les obstacles dont sa doctrine aurait à triompher pour se faire accepter. Il ne se faisait aucune illusion sur leur gravité. C'était à les écarter que se tournaient déjà depuis plusieurs années toutes ses préoccupations et ses sollicitudes.

Le Positivisme, se plaisait-il à dire, entre dans sa phase d'installation ; mais il va se heurter à de sérieuses difficultés, qu'il doit songer à écarter. Or quelles étaient ces difficultés ? « Ni le clergé, ni même l'université, disait-il, ne font autant que l'Institut, et surtout l'Académie des sciences, dévier la jeunesse française des dispositions sympathiques et synthétiques qu'exige sa mission actuelle. »

Tel était le danger que signalait le grand novateur en terminant sa principale œuvre. Il nous indiquait donc lui-même, comme on le voit, à quels obstacles allait se heurter sa doctrine. On pouvait penser que ses disciples après cet avertissement, ne pourraient méconnaître ce qu'ils avaient à faire. Il n'en fut pas ainsi et le plus grand nombre s'égara bientôt en des spéculations ou déclamations oiseuses que rien ne pouvait motiver.

Montrons combien étaient sérieuses les craintes du maître.

Depuis que les divers clergés nationaux ont été partout subalternisés par les rois ou les princes, la séparation de l'ordre spirituel d'avec l'ordre temporel, qu'avait si péniblement institué le catholicisme, à son éternelle gloire, avait cessé d'exister, Le protestantisme, dans les pays où il s'établit, avait poussé plus loin encore la confusion des pouvoirs, en faisant de ses princes des chefs religieux. La révolution moderne poursuivant invariablement son cours, consacra à sa manière cette confusion, en nous pourvoyant finalement d'un clergé d'état, d'un enseignement et d'une science officiels. En France, où toute notre jeunesse fut soumise à la formalité des diplômes, une telle situation s'aggrava davantage par le fait de l'investissement d'une corporation, du redoutable privilège d'ouvrir et de fermer toutes les carrières. Un tel privilège y devenait certainement plus redoutable encore que celui que s'étaient réservés nos gouvernants de pourvoir aux plus hautes fonctions spirituelles, puisqu'il détruisait la liberté spéculative.

Ceux, qui se sont toujours arrêtés à la superficie des choses, ont pu jusqu'ici se croire libres dans la manifestation de ce qu'ils appellent leurs opinions, quand, dans leurs journaux, dans leurs recueils périodiques quelconques, dans les nombreuses élucubrations qu'ils nous jettent chaque jour en pature, ils peuvent à peu près tout dire. Mais ont-ils jamais pensé, qu'en un temps, qu'on qualifie volontiers de transition, il peut y avoir autre chose à faire, qu'à nous inonder de productions sans portée et souvent malsaines. Avec un peu de réflexions, s'ils en étaient capables, il auraient compris qu'en un pareil temps, si une grande mission reste toujours assignée au présent, s'il lui incombe avant tout de préparer les dogmes de l'avenir, cela n'est plus possible, lorsque l'état méconnaissant son véritable office, s'obstine à intervenir, comme il le fait, chaque jour, dans tout ce qui ne peut être de sa compétence. Pour assurer la vrai liberté, la liberté spirituelle, celle à laquelle on doit le plus tenir, il faut que tout gouvernement reconnaisse enfin, qu'il n'a qualité ni pour nous imposer un mode quelconque d'instruction, ni pour soumettre un sacerdoce quelconque à des convenances officielles. Mais il y a plus encore à exiger de lui. Ce public, si jaloux de la liberté, sait-il bien que dans l'ordre scientifique, disons mieux spéculatif, nulle idée nouvelle, pour recommandable qu'elle soit, n'a de nos jours quelque chance de prévaloir, si elle n'a subi le contrôle des compagnies savantes ! Ce public sait-il que ces savantes compagnies, toujours divisées entre elles, sont incapables, faute d'une préparation suffisante, de sortir de leurs spécialités, d'embrasser l'ensemble du mouvement spéculatif de notre époque, et que la vraie science enfin, celle des grandes traditions, celle des grandes aspirations, y est méconnue de tous, que tout s'y trouve livré au caprice ou aux rivalités de coterie.

Que le philosophe ou l'homme d'état songe un instant aux conséquence d'un tel régime !

A l'âge des généreuses aspirations, qu'on le sache bien, toute notre jeunesse se trouve détournée de ses voies, par une funeste préparation qui ne peut développer chez elle que les facultés de langage et une insociable vanité. Jetée dans le même monde, elle ne verra jamais que ce qui lui aura été officiellement enseigné. Sans idéal, sans but élevé, elle entrera dans la vie, étrangère à toutes notions réelles, pourvue seulement d'un diplôme, qui, s'il ne confère aucune capacité, n'ouvre pas moins l'accès aux plus importantes fonctions. Faut-il s'étonner, soit dit en passant, si nos grandes administrations, si nos institutions de toutes sortes se trouvent envahies aujourd'hui par la médiocrité intrigante ? Le parchemin officiel dispense de tout savoir et souvent même de toute moralité.

Le Positivisme pouvait-il s'attendre à de grands succès dans un milieu ainsi préparé. Aussi était-ce à briser des institutions oppressives, funestes à tous les généreux élans du cœur, que pensait sérieusement le grand philosophe, quand la mort est venue le surprendre. C'était là les seuls obstacles qui pouvaient sérieusement arrêter la marche de sa doctrine.

La grande liberté, non pas celle qui consiste, avons nous dit, à nous inonder, dans les journaux ou les publications quelconques, d'élucubrations malsaines, mais la liberté spirituelle, osons le dire, n'existe pas parmi nous. Elle implique un entier désistement de l'état en toutes choses de l'ordre spéculatif. Elle exige que les trois bugets, académique, universitaire et clérical, tombent à la fois.

Comprenant que l'esprit public était encore trop mal préparé pour attendre de lui une énergique protestation contre un régime, dont il ne reconnaît pas encore les dangers, le grand novateur eut l'idée, à la fin de sa vie, de s'adresser aux vrais directeurs du catholicisme, à ceux qui, depuis plus de trois siècles, ont si puissamment contribué à arrêter la dispersion de l'Eglise et de leur montrer quels avantages résulteraient pour elle, et pour eux aussi, de la dénonciation du pacte qui la livre à l'état. Au nom de sa grande liberté, de sa liberté de conscience, il les invita à exiger, en retour de la renonciation à la subvention gouvernementale, et à titre de garantie, la suppression des budgets académiques et universitaires. Nos contacts avec les divers clergés réguliers nous autorisent à croire que son appel, qui a pu paraître étrange à de pseudo-positivistes, n'était que prématuré.

Après ces diverses considérations, qu'il est inutile d'étendre davantage, qui ne comprend maintenant pourquoi le Positiviste est encore réduit à marquer le pas, en un milieu où tout semble cependant le réclamer. La liberté spirituelle, voilà ce que nous demandons, et je ne cesserai de le répéter, elle n'existera parmi nous que lorsque l'état, mieux inspiré, restera dans ses véritables attributions et renoncera à s'immiscer, comme il le fait depuis le commencement de ce siècle, dans ce qui ne le regarde pas.

Nous avons vu il y a quelques années, la plupart

des collèges électoraux exiger de leurs candidats respectifs l'engagement de poursuivre la suppression du budget des cultes. Les candidats ne s'arrêtent pas ordinairement devant les engagements. Mais à leur arrivée à la Chambre, leurs promesses s'en vont habituellement où vont les rêves d'antan. Aux dernières élections on a semblé se montrer moins exigeant, en ce qui concerne ces sortes d'engagements, et ce n'est pour ainsi dire que pour mémoire que la question de la dénonciation du concordat a été agitée. Mais en revanche, c'est contre le régime parlementaire lui-même qu'on a paru se déchaîner.

Il ne faut pas certes demander à l'esprit public d'expliquer ses variations ; il ne le pourrait le plus souvent ; mais le philosophe qui les observe en peut tirer de précieux enseignements. Dans le cas présent, voici ce qui s'en dégage. On a certainement pressenti, quoique confusément, qu'entre la question parlementaire et celle de la suppression du budget ecclésiastique, il existe une certaine solidarité, que la solution de l'une doit fatalement entraîner, ou tout au moins hâter, celle de l'autre. Montrons cette solidarité ; et pour cela faisons voir auparavant celle qui existe entre les trois institutions dues au génie rétrograde du premier des Bonaparte.

Supposons que dans un moment d'entraînement, une assemblée, cédant à la pression de l'opinion, se décide enfin à voter la suppression du budget clérical. Qu'adviendra-t-il, peut-on se demander, au lendemain d'une telle mesure ? Telle est la question que tout esprit sérieux peut se poser.

Le monde catholique la subira-t-il sans mot dire ? Son clergé l'acceptera-t-il avec résignation ? Consentira-t-il à laisser à ses ennemis de la science et de l'enseignement officiel, le monopole de la direction des esprits et des consciences ? Qu'on en reste bien convaincu, le lendemain de la suppression du budget des cultes, une coalition s'établira entre le clergé, soutenu par les femmes d'une part, et les libres penseur d'une autre, le nombre en est grand de nos jours, pour exiger au nom de la grande liberté, la suppression des deux budgets théoriques. L'issue de la lutte ne saurait être douteuse.

Nos politiciens ont-ils pu s'inspirer de ce raisonnement pour ajourner indéfiniment la dénonciation du concordat, et sauvegarder ainsi les deux institutions d'où ils tirent leur consécration ? Ce serait leur supposer trop d'intelligence que de les en croire capables. Mais le sentiment de leur conservation suffirait pour les convaincre, que la voter serait créer une agitation, qui pourrait avoir pour eux des conséquences imprévues. Il ne fallait donc à aucun prix laisser aborder cette brulante question. Pouvaient-ils douter, en effet, que dès qu'elle arriverait à l'ordre du jour, le clergé chercherait à exciter contre eux les populations rurales et toute la masse féminine. La question de la liberté d'enseignement aurait pu d'ailleurs se poser plus vivement que jamais, ne fut-ce qu'en ce qui concerne l'instruction primaire.

Pas plus que nos politiciens les masses électorales

n'ont vu l'étroite solidarité des trois institution[s]
dont nous subissons les rigoureuses conséquence[s]
depuis le commencement de ce siècle. Mais ce qu'ell[es]
ont compris, c'est qu'en ajournant la questio[n]
éclésiastique, nos parlementaires n'avaient en v[ue]
que leur propre conservation, et qu'il leur importa[it]
avant tout de ne laisser naître aucun incident [de]
nature à les faire sortir d'un *statu-quo* si favorable [à]
leurs plus chers intérêts.

Laissant donc de côté la question qui avait s[i]
vivement passionné l'opinion, aux précédentes élec[-]
tions, c'est contre le régime lui-même que s'est natu[-]
rellement déchaîné le mouvement populaire. Tel fu[t]
en effet, le caractère des dernières élections; nu[l]
n'oserait le contester.

Quand nous avons vu le ministre Ferry, traque[r]
les ordres religieux, quel pouvait être son but réel[,]
sinon, de donner une sorte de satisfaction à l'opinion[.]
Quelle pouvait-être sa pensée, sinon d'ajourner l[a]
question cléricale, l'empêcher d'être posée. Mais l[e]
danger péniblement écarté pouvait se représenter[.]
Il fallait encore convaincre les impatients qu'il y avai[t]
quelque chose de plus important à faire que d[e]
s'attaquer à la gent clérical, qui a bec et ongle[s.]
La question de l'enseignement populaire se présen[-]
tait à point. Un gouvernement, qui se montrait s[i]
soucieux de l'instruction publique, n'était-il pas bien[-]
venu à demander qu'on prit patience, que la solution
de certaines difficultés fut ajournée, jusqu'à ce que
le peuple, suivant la formule officielle, fut pourvu
d'une instruction suffisante.

C'est à la France, au pays de Bayard, de Bayard, qui ne savait ni lire ni écrire, qu'on a osé dire, après nos défaites, que si nous avons été battus par des Allemands protestants, par ceux à qui leur état social fait une obligation de lire la bible, comme aux musulmans celle de lire le Coran, c'est parce que chez nous, plus de la moitié de la population ne sait encore ni lire ni écrire. C'est le prétexte qu'on a pris pour élever dans nos plus modestes communes de ruineuses constructions, destinées, disait-on, à nous mettre au niveau de nos voisins. Comment, je le répète, ne pas accorder quelque répit à un gouvernement qui se montrait si favorable à la diffusion des lumières ? Nos facultés, veuves ordinairement d'auditeurs, ont été du même coup pourvues de généreuses subvention ; de nouvelles chaires ont été fondées partout. Qui pourrait maintenant reprocher à un pareil régime de ne pas s'occuper de l'avenir ?

Lorsque aux élections législatives, le parlementarisme s'est trouvé si directement mis en cause, les savants et les universitaires pouvaient-ils se montrer ingrats pour un gouvernement qui a tant fait pour eux ? Aussi ne l'ont-ils pas été, et leur concours ne lui a pas manqué. La jeunesse sortie de leurs mains s'est bien gardée d'abandonner ses maîtres. Le plus touchant accord a régné entre élèves et professeurs. Pourrait-on croire maintenant qu'un régime ainsi patronné, ne soit pas celui qui convient au peuple? N'a-t-il pas reçu la consécration de la science ? Que les impatients se modèrent donc. Mais il est des impatients qui ne peuvent se modérer, qui n'ont qu'une médiocre foi dans la consécration de la science quand elle est officielle. Ce qu'ils poursuivent, ce qu'ils demandent avant tout, c'est la liberté spirituelle, dont nous avons montré les conditions, et qui est la seule à laquelle nous tenions sérieusement. Est-elle compatible avec le régime si cher à nos lettrés, cette liberté ? Il faut bien le dire, son avènement ne les priverait pas seulement d'une consécration, à laquelle on semble avoir tout sacrifié, mais il provoquerait fatalement leur ruine. Disons le hautement, tout ce qui en notre pays, mûr à toutes les choses dignes d'intérêt, introduira parmi nous la liberté spirituelle, sera funeste à ce parlementarisme, dont on connait toute l'impuissance, dont les dangers ne sauraient être plus longtemps dissimulés, et qui ne persiste que parce que on ne sait encore par quoi le remplacer.

L'avènement de la liberté spirituelle, en ouvrant l'ère des grandes questions, qu'on en soit bien convaincu, aurait bientôt fait prévaloir parmi nous de saines doctrines gouvernementales, de toutes parts réclamées, et nous débarrasserait, par la suppression des diplômes de la tourbe des discoureurs, journalistes, avocats ou autres, où s'alimente le parlementarisme et que l'Université de France jette chaque année à larges mains au milieu de nous. Un gouvernement républicain, conciliant à la fois l'ordre et le progrès, ne tarderait pas à surgir en ces nouvelles conditions.

Si l'on renverse maintenant la question il sera facile de montrer qu'un pouvoir fort, contrairement à ce qu'on pense, est la meilleure garantie de la vraie liberté. Soucieux de l'avenir et intéréssé, pour n'avoir pas à fournir des solutions à des questions qui ne sont pas de sa compétence, à s'affranchir de toute ingérence dans les choses de l'ordre spéculatif, il ne pourrait faire autrement que de consacrer la liberté spirituelle, en supprimant les divers budgets, théoriques et théologiques.

Si aux dernières élections, nous avons vû les collèges électoraux, comme nous l'avons dit, se montrer, en quelque sorte, moins soucieux de leurs précédentes revendications et moins insister sur la nécessité d'une prompte suppression du budget des cultes, c'est que, quoique nous ne puissions supposer l'esprit public susceptible d'un raisonnement aussi suivi que celui auquel nous nous sommes livrés pour montrer quelle réciprocité d'intérêt existe entre l'avènement d'une vraie dictature républicaine et la grande liberté, il faut cependant le reconnaître, qu'il a instinctivement compris où se trouve le principal obstacle à ses justes revendications et que toutes les questions agitées en ce moment ne sont que très secondaires à côté de celle sur laquelle il semble avoir concentré toute son attention, c'est-à-dire la destruction du régime parlementaire.

Combien était donc bien inspiré le grand novateur, lorsqu'au lendemain même de la chûte de la monarchie de juillet, il formulait le seul programme compatible avec tout vrai gouvernement républicain. Si le gouvernement français, disait-il, doit être républicain, la république doit être dictatoriale et s'affirmer par une pleine séparation entre le spirituel et le temporel. Au milieu des luttes parlementaires qui précédèrent les douloureuses journées de juin, il avait déjà pressenti le 2 décembre. Il se serait rallié à la dictature qui venait de chasser une assemblée, sans crédit dans le pays, si le dictateur n'avait fait la folie de se faire couronner. On lira toujours avec intérêt, la belle lettre qu'il écrivit alors à son vieil ami, M. le Sénateur Vieillard, dans l'espérance d'éclairer son fatal élève.

Pour compléter le tableau que nous venons de présenter, d'une situation dont la gravité ne saurait échapper à personne, il faut pousser plus loin cette analyse. Les fautes que commettent les gouvernements sont toujours très graves, non seulement par le mal qu'elles font dans le présent, mais surtout par leurs conséquences dans l'avenir. Ce sont toujours les générations qui suivent, qui en portent tout le poids.

Si nous reportons nos regards en arrière, nous serons forcés de convenir, que, malgré tout ce que les libéraux, unis aux traineurs de sabre bonapartistes, nous ont dit de la Restauration, ce ne fut pas moins une époque fort remarquable dans notre histoire. Chateaubriand a pu dire, que ce fut une belle halte dans la voie des révolutions. Jamais la liberté philosophique ne fut plus religieusement respectée.

Tout le dix-huitième siècle fut réimprimé. Un journalisme dissolvant et perturbateur a pu seul se plaindre des rigueurs de ce gouvernement, le plus honnête dont nous ayons joui depuis la chûte du premier empire. Quand survint la révolution de juillet, toutes les grandes questions philosophiques religieuses et sociales, qui passionnaient alors si vivement l'opinion furent en quelque sorte rengainées et les seules questions d'affaires ou d'intérêt prirent rapidement le dessus.

Plus tard, nous avons vu, ceux-là même, qui pendant les dix-huit ans qu'a duré la monarchie bourgeoise, déjeunaient du prêtre, aller pieusement à la messe. Que s'était-il donc passé chez eux ? Avaient-ils changé leurs mœurs, étaient-ils revenus à d'anciennes croyances ? Non, mais ils étaient en présence de la révolution sociale, qu'ils croyaient avoir étouffée, et qui les menaçait dans ce qu'ils avaient de plus cher, leurs intérêts. Au scepticisme des premiers temps succéda un honteux système d'hypocrisie, qui pouvait bien imposer certaines pratiques, mais non étouffer la soif des jouissances, et l'insatiable cupidité qui se faisait jour partout. Il fallait prêcher d'exemple aux populations laborieuses, qu'on avait énervées par une immorale littérature.

Bientôt de honteux sophismes économiques livrèrent la situation aux financiers, catholiques, protestants ou israélites, qui, sous prétexte d'alimenter le travail national, détournèrent les capitaux humains de leur véritable destination. Un jeu effréné, la démolition de nos grandes cités, entreprise systématiquement, des spéculations de toutes sortes eurent bientôt jeté le trouble dans toutes les existences et compromis la fortune publique. Tel fut l'héritage de l'Empire, la république parlementaire l'a dignement accepté.

Un gouvernement honnête, venant après ce temps d'orgie, pouvait-il se donner d'autre mission que de mettre un frein à ce débordement d'appétits malsains et de rendre nos capitaux à leur véritable destination. Le parlementarisme qui revint comme un flot et ses besogneux à 25 francs avaient évidemment autre chose à faire. Les financiers, à qui l'empire avait livré le pays, connaissaient trop leur monde pour désarmer. Ils aimèrent mieux l'associer aux bénéfices ; ainsi tout fut-il mis en coupe réglée. Un ministre nous avait invité jadis à nous enrichir, les financiers républicains, plus pratiques, nous en donnèrent le moyen. Les scandaleux procès qui ont troublé ces dernières années ne pouvaient surprendre personne ; ils étaient dans l'ordre des choses prévues ou à prévoir. Aussi bien fol fut celui, qui pour mettre fin à ce scandaleux régime, n'eut à lui opposer que sa popularité. Mieux inspiré, il eut su qu'on ne détruit que ce qu'on remplace.

Le parlementarisme qu'on a vainement cherché à acclimater chez nous, est pour tous maintenant jugé ; il ne peut désormais qu'être imposé. S'il persiste encore, ce n'est que par la corruption, comme tout gouvernement qui ne repose sur aucun principe.

Disons-le hautement, une dictature républicaine peut seule remplacer un pareil régime. Mais comment, nous demandera-t-on, peut-elle s'installer au milieu de la confusion générale ? En ces conditions elle paraît ne pouvoir surgir que d'un coup de force, venant d'en haut ou d'en bas. Mais aucun gouvernement ne pouvant se faire accepter et durer, s'il n'a été préparé par un exposé de principes, capable de rassurer les partis, n'est-ce pas dire assez que l'homme d'état, que l'avenir réserve à la suprême magistrature, ne peut émaner que de la seule doctrine qui soit capable de fixer les conditions de la stabilité gouvernementale. Fut-il, disions-nous, un Louis XI, un Cromwell, un Frédéric, vu l'inextricable complication des évènements actuels, il ne pourrait que faire fausse route de nos jours, s'il ne s'inspirait des enseignements d'une science supérieure. Il est cependant une question qui se pose naturellement, le Positivisme se serait-il développé dans le voisinage d'un véritable homme d'état, du protecteur de Kant, par exemple, sans qu'il en eut eu connaissance, sans qu'il s'en inspirât ? Ce n'est guère à supposer. Le grand Carnot de sa retraite de Magdebourg, envoyait des félicitations au jeune philosophe, qui ouvrait les voies de l'avenir.

Nous venons de montrer, en quel déplorable milieu était appelé à se développer le Positivisme. S'il eut vécu, nous sommes nous demandé, le grand philosophe serait-il parvenu à y installer sa doctrine ? Celui, qui disait mépriser l'ensemble de ses contemporains, pouvait-il se faire quelque illusion à cet égard. Il est certain que s'il n'était parvenu à briser le double obstacle qui s'oppose à l'avènement de la vraie liberté, ses efforts, comme ceux de ses meilleurs disciples, seraient restés infructueux. C'est certainement ce que nous autorise à penser, la tentative qu'il projetait, qu'il avait même commencée, auprès des vrais directeurs du catholicisme, de ceux qui, avons nous dit, luttent depuis plus de trois siècles pour le préserver d'une entière dislocation.

Quoiqu'il en soit cependant, si la mort avait respecté cette existence si précieuse, il est certain que la grand'œuvre, qui a été ainsi privée de son couronnement, se montrerait aujourd'hui dans son ensemble, avec son grand caractère religieux. La déviation intellectuelle qu'elle a subie sous le sophiste qui a la prétention de la continuer n'eut pas été possible et il est vraisemblable qu'à la fin de sa mémorable carrière, le grand novateur se serait trouvé entouré d'un groupe d'élite. En ces conditions, l'oppression spirituelle, que perpétue le régime académique, eut été surmontée et le concours, déterminé autour d'un pareil groupe, aurait pu éveiller les sollicitudes populaires et démasquer la cohue littéraire et scientifique, si fortement retranchée dans ses priviléges. On ne peut douter, dans tous les cas, que le groupe constitué autour du maître, n'eut été plus ardent dans ses convictions, qu'après sa mort, il n'eut été mieux préparé à profiter des occasions qui pouvaient lui permettre de tirer l'esprit public de sa torpeur actuelle.

Ces occasions, se sont présentées naguère, et le Positivisme désorganisé n'a pu en profiter pour éclairer une population, déçue de toutes les espérances démagogiques, toute disposée déjà à secouer le joug des sophismes où s'alimentent le parlementarisme et la fausse science.

Malgré la flétrissure jetée par le grand novateur sur l'ensemble de ses contemporains, il faut, admettre cependant qu'il est encore des natures qui ont pu se préserver de la contagion révolutionnaire, qui ont conservé le culte des grandes choses. C'est à les rallier évidemment que doivent tendre tous les nouveaux efforts. N'est-ce pas pour le moment un assez noble but à donner à notre activité ? La campagne ouverte contre le régime académique doit être toujours poursuivie avec le plus grand soin, et si nous ne pouvons espérer d'en affranchir encore le pays, nous pouvons du moins, arriver à faire comprendre aux esprits préservés du ferment révolutionnaire que c'est là, que le parlementarisme trouve désormais sa principale force et une sorte de consécration.

Lorsque le mal dont nous venons de présenter le désolant tableau, s'élève au degré de généralité que nous lui avons reconnue, s'il est difficile d'en triompher, il ne l'est pas moins d'établir les responsabilités. Il en existe cependant et de bien lourdes.

Quand le philosophe adolescent s'adressait au début de sa carrière aux diverses compagnies savantes, à ces dépositaires des trésors intellectuels de l'Humanité, qu'il leur montrait le mal nous envahissant de toutes parts, qu'il les invitait à sortir de leurs étroites spécialités, à s'élever à l'étude des phénomènes sociaux et moraux, dont il leur révélait les lois, à se constituer en un nouveau sacerdoce, à prendre la direction des esprits, qui leur revenait naturellement, en attendant de prendre plus tard celle des cœurs, il croyait les trouver encore dans les grandes traditions qui avaient soutenu leurs prédécesseurs. Mais toutes ces traditions étaient déjà perdues ou méconnues; leur intelligence était oblitérée par d'étroites préoccupations et leur cœur envahi par la cupidité. A qui donc la postérité laissera-t-elle la responsabilité de tout le mal qui se fait depuis plus de deux générations, si ce n'est à ceux qui avaient devoir de le combattre, d'en rechercher la cause, d'y porter remède.

Faut-il dire avec un grand poëte, que les bergers se sont faits loups, pour dévorer le troupeau. N'y a-t-il pas lieu, nous le demandons, de crier à la trahison. Que sont devenus, en effet, nos académies, nos réunions savantes, sinon des officines où l'on cultive avant tout l'art de s'assurer de bonnes prébendes. O Vertus de vos prédécesseurs, où vous trouver ! A leurs nobles aspirations vers le bien, à leur culte du beau, vous avez substitué le culte de l'argent.

C'est devant les décisions de ce cénacle que s'incline encore un public, qui, à défaut de toute foi, a encore le respect de la science. Si le Positivisme avait prévalu, qu'il fut devenu une puissance, quand règne souverainement cette science, quand on s'incline encore devant ses arrêts, n'eut-il pas fallu crier au miracle ! Mais comme le disait le poëte florentin, autour de vous, ô maîtres du moment, souffle sans trêve la tempête infernale. Vous serez emportés comme les autres, quand on s'avisera de soulever un coin du voile, dont vous vous couvrez si prudemment.

Avant de montrer à quelles élucubrations vous vous livrez encore, quand le désespoir est dans tant de cœurs, quand les âmes en détresse sont à la recherche d'une foi, les esprits sérieux, d'une solution à tant de brûlantes, à tant de menaçantes questions, ramenons un instant notre pensée vers ces grandes natures, d'un autre temps, dont se croient encore les continuateurs, les dispensateurs actuels du savoir. Elles avaient conservé le culte des grandes choses, pour elles, la science était restée un véritable sacerdoce. Que notre esprit et notre cœur se reposent un instant dans la contemplation de ces nobles existences.

§ II.

LA VIEILLE SCIENCE.

Le passé, a dit Auguste Comte, avait à préparer les forces humaines, que le présent a mission de combiner en vue de l'avenir. Telle fut, en effet, l'idée toujours implicitement dominante chez les grandes natures, philosophiques ou scientifiques, des siècles écoulés. On peut le dire sans crainte, elles poursuivirent sans relâche les deux éternels sujets de toutes les préoccupations, l'étude de l'homme et du monde. Depuis la fin du Moyen-âge, il est permis de l'affirmer, tous les grands esprits étaient convaincus de l'épuisement de tous les dogmes théologiques et d'un commun accord, pour ainsi dire, ils étaient à la recherche de nouvelles voies. Qu'on n'oublie pas que l'Eglise, justement alarmée pour ses croyances, avait dès le 16ᵉ siècle interdit à ses clercs l'étude de la médecine (1).

Ce fut avec un noble pressentiment de l'avenir que

---

(1) C'est de cette époque que date le fameux adage : *tres medici, quator athei.*

la grande famille scientifique se mit à l'œuvre et que l'on vit s'entasser, sous les efforts communs, tous les matériaux qui devaient servir à l'édification d'un ordre nouveau. Savants et philosophes, tous imbus encore des grandes traditions du passé, ne pouvaient méconnaître que toute nouvelle synthèse, pour être acceptée, devait avant tout, comme celle qu'il fallait remplacer, répondre aux exigences du cœur et aussi à celles de l'esprit. Mais ne pouvant encore satisfaire à ces deux conditions, les diverses tentatives philosophiques, qui furent faites en vue de suppléer les dogmes épuisés, furent par cela-même condamnées d'avance à des insuccès certains. Ces insuccès furent cependant eux-mêmes un précieux enseignement, car ils pouvaient faire déjà pressentir, contrairement aux idées dominantes, la dépendance des phénomènes supérieurs à l'égard des inférieurs. L'exploration du monde dut prendre ainsi provisoirement le dessus, sans diminuer néanmoins, chez les bons esprits, l'intérêt que devait toujours inspirer l'étude de l'homme.

Le moyen-âge avait suspendu tout le travail spéculatif de la Grèce pour constituer son dogme, dont l'insuffisance, tant mentale que morale même, devait tôt ou tard se manifester. Aussi revint-on bientôt, sans trop d'efforts, à la filiation brisée, et ce fut sans discontinuité qu'on se remit à de nouvelles explorations.

Ainsi fut investi de nouveau, et de toutes parts, le domaine scientifique. Sur les grandes constructions mathématiques et astronomiques de l'antiquité s'éleva en son temps, la découverte du double mouvement de la Terre, suivie bientôt de l'institution de la géométrie générale, de son complément infinitisimal et de la mécanique rationnelle, auxquels s'ajoutèrent ensuite le couple physico-chimique (1).

A ce grand ébranlement scientifique s'attachent les immortels noms des Képler, des Galilée, des Descartes, des Leibnitz, des Newton, des Lavoisier, des Berthollet. Après deux siècles d'efforts soutenus, l'exploration du monde était assez avancée pour permettre d'asseoir sur une base rationnelle l'étude de la vie. Lorsque par ses immortels travaux, notre grand Bichat eut fondé, avec le concours de quelques illustres prédécesseur, la biologie préparatoire, une noble famille de naturalistes, à la tête desquels il faut placer notre incomparable Lamarck, nous révélait le monde des êtres vivants. Mais en même temps que s'élevait cette

(1) Condorcet, dans ses éloges, fait remarquer que la plupart des grands légistes du 17e siècle étaient des mathématiciens. L'étude du droit romain, qui fut reprise, en Italie d'abord et plus tard en France, devait naturellement développer les facultés d'abstractions chez tous les esprits, que n'absorbaient pas les préoccupations théologiques. Aussi l'ébranlement scientifique qui se produisait autour d'eux ne les trouva pas indifférents. Ils suivirent le mouvement en s'adonnant avec tous les grands penseurs du temps aux études mathématiques, par lesquelles ils se rattachaient plus directement, qu'on n'avait pu le faire jusqu'alors, à un passé, que le catholicisme avait méconnu.

grande construction abstraite, toute une succession de penseurs, sous l'impulsion de Descartes, pressentant la nécessité d'une nouvelle synthèse, se livrait déjà avec ardeur à l'exploration rationnelle du domaine moral et mental.

L'étude de l'homme se trouvait ainsi assez préparée, pour que, sur la base scientifique qui venait d'être ainsi constituée et sur les lumineux aperçus de la belle école dont Diderot fut le chef, le génie de Gall pût, dans la même génération, assigner des sièges à nos hautes facultés cérébrales. Si sa tentative n'eut qu'un succès incomplet, c'est qu'à l'observation de l'Homme et des animaux, sur laquelle elle s'élevait, il fallait encore l'inspiration sociologique. C'est, en effet, dans le grand spectacle de l'évolution humaine que pouvaient se manifester dans leur plus complet développement nos facultés supérieures morales et surtout mentales. Aussi la fondation de la sociologie, quelques années après cette admirable tentative, permit-elle au jeune philosophe, qui venait clore par là; l'ère de la science préparatoire, de s'élever à l'institution définitive d'une théorie des fonctions du cerveau.

Cette double fondation enlevait définitivement à la théologie, avons-nous dit, le domaine social et moral, qui lui avait été provisoirement laissé pendant que se poursuivait la vaste élaboration scientifique, qui restera toujours, aux yeux de la postérité, l'éternelle gloire des cinq siècles qui nous séparent du Moyen-âge.

Lorsqu'on considère dans son ensemble cette grande construction abstraite, qu'on la voit s'accélérer si rapidement, quand elle semble toucher à son terme extrême, on serait tenté de se demander, si une même volonté n'animait pas tous ces nobles pionniers du savoir, si tous n'étaient convaincus, qu'une seule étude était digne de leurs efforts, que toutes les autres ne pouvaient être qu'une préparation, qu'une sorte de prolégomène à cette étude finale : celle de l'Homme.

Une conviction aussi systématique ne pouvait évidemment exister chez eux ; mais, ainsi que nous l'avons dit, des hommes, tout imbus encore des traditions d'un passé de foi et d'amour, ne pouvaient méconnaître la solidarité des choses humaines et sacrifier les vues d'ensemble à des préoccupations de détail, où la spécialité de leurs travaux semblait les entraîner. La continuité des évènements sociaux, qui se révélait chaque jour de plus en plus à eux, devait d'ailleurs leur faire sentir que les savants, comme tous les directeurs des hommes, prêtres ou philosophes, ont avant tout à préparer leur bonheur et que ce n'est qu'à cette condition qu'ils peuvent se faire accepter.

Tel était certainement l'état des esprits, chez toutes les grandes natures scientifiques de la fin du siècle dernier. Elles sentaient déjà, on ne peut en douter, l'épuisement de l'ère scientifique, et reconnaissaient la nécessité de tourner ailleurs leurs efforts.

Qu'on me permette de citer ici, ce que dit à ce sujet

Arago, lui-même dans sa préface aux œuvres de Condorcet, et l'on verra à quel point est fondée une telle opinion. « Je ne sais, dit-il, mais n'aurons nous pas peut-être donné une explication assez naturelle à la tristesse qu'éprouvait Condorcet, en revenant aux mathématiques, si nous ne remarquons que les géomètres les plus illustres eux-mêmes se montraient alors découragés. Ils se croyaient alors arrivés aux dernières limites de ces sciences. Jugez par ce passage que je copie dans une lettre de Lagrange à d'Alembert : « Il me semble que la mine est déjà trop profonde, et qu'à moins qu'on ne découvre de nouveaux filons, il faudra tôt ou tard l'abandonner. La physique et la chimie offrent maintenant des richesses plus brillantes et d'une exploration plus facile. Aussi le goût du siècle parait-il entièrement tourné de ce côté là. Il n'est pas impossible que les places de géométrie, dans les académies, deviennent un jour ce que sont actuellement les chaires d'arabe dans les universités. » C'est Lagrange, un des plus grands esprits du siècle, qui se prononce ainsi sur le sort réservé dans l'avenir aux études mathématiques, et cela quelques années seulement après la fondation du plus beau monument élevé par le génie abstrait, la *mécanique analytique*. A quoi furent consacrés les derniers moments de l'infortuné Condorcet : *à un essai sur les progrès de l'esprit humain*, qu'il écrivit sous une menace de mort !

Pour toutes ces grandes natures, si l'ère mathématique était bien close, l'ère scientifique devait bientôt l'être aussi et c'est vers la construction d'une synthèse finale que se tournait leur esprit. Que diraient de nos jours tous ces vigoureux penseurs, s'ils pouvaient assister à cet entassement de matériaux auquel se livrent encore nos physiciens, nos chimistes, et même nos naturalistes, cherchant vainement à rattacher entre eux tous ces matériaux, si péniblement élaborés, par quelque principe assez général qu'on est toujours à la veille de trouver et qu'on ne trouve jamais.

L'étrange accueil qui fut fait à Gall par la cohue académique, que présidait le solennel et prudent Cuvier, à défaut de toute autre raison, montrerait encore à lui seul combien fut bien inspirée la convention nationale quand elle supprima les corporations savantes. Dès que, par la marche naturelle de l'esprit humain, l'étude de la vie arrivait à l'ordre du jour, il est certain que le régime académique devait prendre fin, pour que les vues d'ensemble pussent prévaloir enfin sur l'étude des détails. Si le morcellement du travail scientifique avait été nécessaire, c'était lorsqu'il restait limité à l'exploration du monde. Mais les vues synthétiques qu'exigeait l'avènement des sciences de la vie, eussent été compromises, comme elles le furent d'ailleurs plus tard, par les dispositions dispensives de l'esprit académique. Un changement radical s'imposait d'ailleurs aussi bien dans les méthodes que dans les doctrines. En effet, si l'étude du monde, vu la multiplicité et l'indépendance de ses aspects, interdit toute conception d'ensemble, celle de la vie, nous oblige au contraire, à toujours procéder par des moyens synthétiques, l'analyse devant s'y subordonner toujours à la synthèse, la connaissance des détails restant souvent impossible. Le régime académique était donc dans l'impossibilité, tant sous le rapport des doctrines que sous celui des méthodes, de répondre aux nouvelles exigences de l'exploration scientifique.

Pour tous ceux, qui se sont bien pénétrés de la mission assignée au passé par l'ensemble des destinées humaines, la science a donc fait son temps. Une philosophie rationnelle, disons le mot, positive, devait naturellement lui succéder, pour se fondre elle-même dans la religion, à qui elle avait à fournir un nouveau dogme. C'est en se plaçant à ce point de vue que le grand philosophe a pu, dans les dernières années de sa vie, modifier l'exposé de la grande loi des trois états, en considérant la phase scientifique à laquelle arrive toujours l'esprit humain, après avoir parcouru les étapes métaphysique et théologique, comme aussi provisoire que celles-ci.

Voici ce que m'écrivait à ce sujet le grand penseur. « Je dois surtout ébaucher la systématisation directe des réflexions générales que je vous ai précédemment indiquées, sur l'émancipation scientifique, spécialement instituée d'après le cas le plus décisif, quoique sous un mode spontanément latent dans le volume que vous relisez maintenant (la synthèse subjective). Il faut directement regarder un tel affranchissement comme le complément normal de l'évolution fondamentale qui caractérise la loi des trois états. Le dernier doit être, à cet effet, décomposé dans ses deux modes successifs, l'un scientifique, l'autre philosophique, respectivement analytique et synthétique. C'est surtout au second qu'appartient la qualification de définitif, d'abord appliquée confusément à leur ensemble. Au fond, la science proprement dite est aussi préliminaire que la théologie et la métaphysique et doit être finalement autant éliminée par la religion universelle, envers laquelle les trois préambules sont, l'un *provisoire*, l'autre *transitoire*, et le dernier *préparatoire*. J'ose même refuser aux sciences l'attribut de pleine positivité, qui ne consiste pas seulement dans la *réalité* des spéculations, mais dans sa combinaison continue avec *l'utilité* toujours rapportée au Grand-Etre, et dès lors, ne pouvant jamais être dignement appréciée que d'après la synthèse totale, c'est-à-dire subjective et relative. Dans la constitution finale, le début théologique de la préparation humaine n'a pas moins d'efficacité que sa terminaison scientifique : si celle-ci fournit les matériaux extérieurs, l'autre ébauche les dispositions intérieures, en compensant l'imaginalité par la généralité, dont l'absence interdit toute vraie rationalité théorique. Sous un aspect plus systématique, la première vie est surtout distinguée chez l'individu comme envers l'espèce, par la vraie recherche continue d'une synthèse essentiellement objective, tandis que la seconde construit et développe la synthèse purement subjective, dont l'autre a spontanément fourni les matériaux nécessaires. Même quand la science a déjà senti l'inanité des *causes* et fait graduellement prévaloir les *lois*, elle aspire autant que la théologie et la métaphysique à l'objectivité complète, rêvant l'universalité d'explication extérieure d'après une seule loi, non moins absolue que les Dieux et les Entités, suivant l'utopie académique. (Auguste Comte, correspondance inédite).

Si le travail sientifique avait pu être systématiquement dirigé, quand fut instituée la sociologie, il eut fallu, comme on le voit, procéder immédiatement à la construction de la synthèse subjective, dont tout le travail scientifique accompli pouvait déjà fournir tous les matériaux. La plus complète tentative de synthèse objective qui ait été faite jusqu'ici, celle de Descartes, ayant avortée, on se trouvait en quelque sorte dispensé de chercher toute nouvelle coordination de cette nature, en renonçant, à *l'université d'explication extérieure d'après une seule loi*.

Conformément à d'antiques pressentiments, il importait déjà de proclamer, après la découverte des lois, qui président à l'évolution de notre espèce, qu'il n'existe qu'une science : celle de l'Homme, dont toutes les autres ne sont que des prolégomènes. On était ainsi conduit à écarter comme oiseux ou même comme dangereux, tout ce qui n'eut pas présenté les deux caractères de réalité et d'utilité, qui sont désormais indispensables pour constituer la vraie positivité. La connaissance de l'Homme, tel doit être désormais l'objet, direct ou indirect, de toutes nos préoccupations. Hors de là, dit le nouveau maître du savoir, tout n'est que vanité.

La rapide ascension du mouvement scientifique vers son terme final aurait sans doute laissé bien des lacunes à combler, si l'on se fut conformé aux saines recommandations d'une philosophie supérieure ; mais nous osons affirmer qu'une meilleure direction, donnée à l'activité spéculative, nous eut épargné bien des efforts infructueux et fourni plus tard de meilleurs et de plus complets résultats. Sous une pareille inspiration, nul doute qu'on n'eut préservé la biologie de l'invasion de la chimie, qui en altère de nos jours les plus importantes notions. Sans contester les ressources que de récentes et lumineuses théories peuvent désormais nous fournir, pour l'intelligence de certains phénomènes placés sur les confins des deux domaines organiques et inorganiques, nous devons repousser toute intervention des organismes de provenance extérieure, pour expliquer le grand mouvement d'assimilation et de désassimilation, qui, depuis Blanville, sert de caractéristique à la vie. L'organisme ne saurait être considéré comme un vase où s'accomplit, sous la stimulation d'agents étrangers à sa constitution, les phénomènes de sa rénovation fondamentale. Subordonner l'existence des êtres à celle d'un monde d'êtres invisibles n'a certes rien de philosophique. D'où viennent d'ailleurs, peut-on toujours se demander, ces organismes invisibles, auxquels on accorde de nos jours une si grande puissance. Constituent-ils un règne distinct, comme l'enseigne l'homme, à tant d'égards remarquables, qui a dominé de nos jours si souverainement dans le monde scientifique. C'est là de la pure métaphysique, dirons-nous ; aucun savant ne peut s'arrêter à une telle idée. Ne sont-ils pas au contraire des émanations, des deux domaines organiques ? La saine philosophie ne peut hésiter ici (1).

C'est surtout en se plaçant au point de vue auquel nous permet de nous élever cette saine philosophie qu'on doit se prendre plus que jamais à regretter le rétablissement des corporations savantes. Leur opposition n'a pas seulement contenu le développement de la doctrine régénératrice, elle a empêché la formation de véritables autorités scientifiques, avec lesquelles on aurait fini tôt ou tard par s'entendre.

Sans jamais invoquer l'action gouvernementale, qu'il ne fera jamais intervenir, le Positivisme ne

---

(1) Ces organismes auxquels les médecins subordonnent la manifestation de tous les phénomènes anormaux que présente l'organisme, humain ou animal, n'agissent dit-on, que lorsqu'ils trouvent un terrain bien préparé. Mais qui a préparé ce terrain peut-on toujours se demander. Reconnaissons cependant qu'un véritable progrès s'est effectué depuis peu dans les idées. Ainsi on admet généralement que c'est par leurs produits, conformément à ce qui se passe dans le phénomène de la fermentation qu'agissent les mino-organisme. On est déjà disposé à admettre que l'acte de la désassimulation, peut lui-même donner lieu à des produits infectieux. A la suite d'un accès de colère, le lait de la nourrice peut devenir un poison pour son nourrisson.

pouvait que recommander à un pouvoir fort, qui eut prévalu certainement depuis longtemps, si la liberté spirituelle avait été respectée davantage, d'inaugurer à l'égard des vrais savants le système d'encouragement que pratiqua si heureusement notre éminent Colbert. Des pensions accordées aux auteurs des meilleurs travaux auraient suffi pour encourager, soutenir les véritables vocations et contenir la médiocrité intrigante, qui de nos jours obstrue toutes les voies. Un homme d'état de la trempe de celui qui patronna la philosophie de Kant, était certainement de taille à s'associer aux grandes vues du philosophe contemporain. Mais notre chétive génération, détournée de ses voies, noyée dans la confusion parlementaire, attend encore son Frédéric. Nous avons dit quels encouragements le grand Carnot, qui appartenait lui aussi à la vieille et respectable famille scientifique, envoyait de sa retraite de Magdebourg au philosophe adolescent. Un grand ministre de la Restauration, qui mourut pauvre et ignoré, lui adressait aussi des félicitations.

Nous ne nous étendrons pas davantage sur l'esprit du grand mouvement à la fois philosophique et scientifique qui remplit les cinq derniers siècles, il suffit ici d'en avoir indiqué la nature et la destination.

§ III.

LA SCIENCE CONTEMPORAINE

« Même quand la science a senti l'inanité des cau-
« ses et fait graduellement prévaloir les lois, elle
« aspire autant que la théologie et la métaphysique
« à l'objectivité complète, rêvant l'universalité d'expli-
« cations extérieures d'après une seule loi, non
« moins absolue que les Dieux et les Entités, sui-
« vant l'utopie académique. » Rien ne saurait mieux
que ce passage d'une correspondance inédite, que
nous avons déjà citée, nous édifier sur l'esprit qui
règne dans nos compagnies savantes. La restauration
du régime académique, comme on le voit, ne pouvait
que perpétuer le règne de l'absolue et, disons-le, du
matérialisme scientifique.

L'espérance de trouver une loi assez générale, pour
en faire découler toutes les autres, devait naturellement disposer à croire à la possibilité d'effacer la
séparation de tout temps établie entre les divers
domaines scientifiques. C'est en cela, a dit Auguste
Comte, qu'il faut faire consister le matérialisme contemporain aussi bien que l'absolutisme scientifique.
Le spiritualisme qui affranchit les phénomènes supé-

rieurs, sociaux et moraux, de toute dépendance à l'égard des existences inorganiques, est comme on le voit l'opposé du matérialisme. Il est vrai que pour tout spiritualiste, toute doctrine qui donne un siège réel aux phénomènes supérieurs, est par cela même qualifiée de matérialiste et le Positivisme, bien qu'il se défende des deux doctrines extrêmes, ne peut être en cela que du matérialisme. Cependant tout en reconnaissant des lois propres aux phénomènes de l'ordre social et moral, la saine philosophie les distingue toujours de celles qui régissent le monde inorganique, et elle n'admet pas davantage l'unité de loi pour les évènements cosmologiques que pour ceux de la vie. Pour elle, un phénomène lumineux ou électrique, ne sera jamais rattaché à un phénomène calorifique, d'une intensité différente, ou se produisant en d'autres conditions.

S'il est certaines sections du monde académique qui est encore disposée à maintenir une distinction quelconque entre les divers départements scientifiques, dont, en vertu d'anciennes traditions, elles se réservent l'exclusive exploitation, elles ne favorisent pas moins l'invasion des domaines supérieurs par les inférieurs, en s'abstenant de protester contre l'universalité d'explication qu'on cherche toujours autour d'eux. Les dangers, aussi bien moraux qu'intellectuels, résultant d'une telle disposition, ne pourraient être évités que si chaque catégorie de savants se résignait à ne cultiver chaque département scientifique qu'en vue de fournir des indications à celui qui suit, dans l'ordre de tout classement positif, sans jamais perdre de vue que ce travail préliminaire doit être toujours conçu, comme devant préparer l'étude vers laquelle doivent converger toutes les autres, c'est à dire, vers la seule qui comporte une culture spéciale : l'étude de l'homme.

Un danger, non moins grand, que crée la dispersion du travail académique, c'est la confusion qu'il entretient entre l'abstrait et le concret. Les procédés de la science, tant qu'elle ne se subordonne pas à la philosophie, avons-nous dit, ne diffèrent en rien de ceux de la métaphysique et de la théologie. Comme celles-ci la science reste toujours dans l'absolu, cherchant à pénétrer la constitution intime des êtres, poursuivant comme elles la synthèse objective.

Pour tout vrai savant toute construction scientifique ne peut-être qu'une fiction, dépourvue naturellement de toute existence objective, fiction qui est destinée à rappeler la réalité absente, mais autant seulement que l'exige la satisfaction de nos besoins. Entre cette fiction et la réalité, soit dit en passant, il existe toujours assez de distance pour que la science, comme l'art, puisse embellir ses conceptions quelconques. Tel n'est pas certainement l'esprit qui règne en ce moment dans nos compagnies savantes, où chacun est encore à la recherche de l'absolu. Aussi ne faut-il pas être étonné si le domaine de l'art y fut toujours confondu avec celui de la science proprement dite. Quoique la hiérarchie des êtres résulte de celle des phénomènes, les dispositions qui conviennent à leur étude ne sauraient cependant être les mêmes. Dans un cas la sagesse vulgaire n'admet jamais de règle sans exception, tandis dans l'autre il ne saurait exister d'exception à la règle. On voit ainsi combien peuvent devenir dangereuses pour l'art comme pour la science, la confusion maintenue encore entre les deux domaine abstrait et concret. C'est ainsi qu'on a érigé nos doctes compagnies en comités consultatifs où nos industriels vont chercher une sorte d'investiture à leurs inventions. Leur incompétence à cet égard ne saurait être douteuse. On n'a pas oublié qu'un célèbre académicien, qui avait voix délibérative à la chambre des pairs, comme à l'Institut, a déclaré en son temps que les locomotives n'avanceraient pas sur les voies nouvelles, faute d'une adhésion suffisante. Cette confusion entre l'abstrait et le concret a, d'une autre part, jeté la science hors de ses voies et lui a fait perdre son vrai caractère qui doit rester toujours abstrait, c'est-à-dire fictif. L'astronomie, la physique, la chimie, les sciences de la vie, sont de nos jours tombées dans un absolutisme aussi grand que celui que leurs propres savants reprochent aux théologiens et aux métaphysiciens. L'astronomie est sortie de notre système planétaire pour rêver la constitution de l'univers, par de vaines hypothèses sur l'existence des mondes. En physique l'abus du calcul nous impose encore l'hypothèse des ondulations que rien ne saurait désormais justifier, aussi absolue et insuffisante que celle de l'émission. En chimie ce ne sont plus les lois de la composition qui préoccupent les esprits. On y cherche à pénétrer la constitution intime des corps. Comme l'inertie en mécanique, l'hypothèse moléculaire ne peut être qu'une institution logique. C'est ce que ne comprennent pas encore l'universalité de nos chimistes. La molécule de la physique, ne saurait être l'atôme de la chimie. En leur appliquant les lois de la gravitation n'est-il pas impossible de les identifier et de voir en eux les éléments primordiaux de la constitution des corps ? Les rapports seuls des éléments constituants sont nécessaires à connaître. Tel doit rester, en effet, le caractère de la doctrine des équivalents, vainement attaquée de nos jours. Dans leur disposition d'esprit actuelle, il serait puéril de chercher à faire comprendre à nos chimistes que le dualisme lui-même ne peut être qu'une institution logique, que leur science doit écarter toutes les spéculations relatives aux substances dont la constitution est instable, que l'étude de celles-ci appartient à la biologie, seule capable de déterminer les conditions de leur existence, et de leur durée, sans méconnaître toutefois les grandes lois de l'affinité. Un savant d'une incontestable valeur s'est élevé parmi les chercheurs dont la chimie foisonne de nos jours. Après ses mémorables travaux, il est désormais impossible de maintenir la distinction classique de la chimie en organique et inorganique. Nous aimons à croire que si cet éminent penseur s'était affranchi du mauvais esprit qui règne dans la compagnie à laquelle il appartient, il eut certainement compris que le dualisme admis d'un côté ne saurait être repoussé d'un autre. Ses mémorables travaux sont assurément un grand pas fait vers l'institution du dualisme comme procédé logique, et le caractère, autant subjectif qu'objectif de cette institution ne lui a pas échappé.

La confusion entre l'abstrait et le concret entretenu disons-nous, par l'esprit académique, s'est même aggravée depuis que les naturalistes ont franchi les limites qui doivent être assignées aux sciences de la vie.

Si dans le passage des conceptions cosmologiques aux conceptions biologiques l'abstraction devient plus difficile à instituer, ce n'est certes pas une raison pour méconnaître le caractère abstrait que doivent toujours conserver ces dernières. Ainsi quand on institue en biologie une échelle des êtres, ce ne doit jamais être avec l'idée d'y placer tous les êtres connus ou qui pourront l'être. Dans un pareil travail, c'est d'un instrument logique qu'on doit chercher à doter l'esprit humain. La méthode comparative qui doit diriger les inductions biologiques et même sociologiques et morales pourra être utilisé avec avantage, quand on en comprendra mieux la véritable nature et la destination. La formation des groupes naturels et leur mutuelle subordination d'après un caractère commun et d'une suffisante généralité, tel est le but qui doit être poursuivi dans l'institution de la hiérarchie des êtres. Une pareille construction, qui comporterait aussi bien des types fictifs que des types disparus, est surtout destinée à mieux montrer la continuité des existences à défaut de celle des êtres.

Mais tel n'est point le but que poursuivent les naturalistes, surtout depuis leur union aux géologues. Ce n'est pas une échelle, mais plutôt un arbre généalogique des êtres vivants, animaux ou végétaux, passés ou actuels, qu'ils aspirent à construire. C'est ici que le sentiment social doit être plus spécialement invoqué pour contenir de regrettables déperditions de forces.

Le plus grand nombre des anciens naturalistes, s'ils avaient jusqu'ici admis la modificabilité des espèces, sous l'action continue du milieu, assignaient cependant des limites aux modifications dont elles sont susceptibles. L'un deux cependant, le plus illustre de tous, notre grand et vénérable Lamarck, osa contester le dogme séculaire de leur fixité, que les témoignages historiques paraissaient avoir, définitivement consacré. Une exploration soutenue de la couche terrestre, étendue aujourd'hui à une notable partie de la superficie de la planète, eut bientôt ébranlé ces convictions. Les nombreux débris des antiques habitants de la Terre et de sa primitive végétation, permettent d'établir entre des types fort éloignés une filiation devenue de proche en proche assez intime, pour qu'on semble désormais autorisé à croire à leur parenté.

L'antique dogme se trouverait donc fortement ébranlé, et l'on peut dire aujourd'hui que, sauf quelques esprits réfractaires, dont le nombre diminue de plus en plus, presque l'universalité des naturalistes et des géologues se trouve ralliée à la doctrine du *transformisme*. En présence de tant de faits, devenant chaque jour plus nombreux, il était difficile de résister à l'entraînement. Si l'un de nos plus éminents biologistes, l'illustre Blainville, croyait encore à l'apparition simultanées de l'ensemble des types vivants, ou ayant vécu sous des formes quelconques, embryonnaires ou autres, la connaissance plus avancée de la croute terrestre, à laquelle on est arrivé, ne lui permettrait plus désormais de maintenir une pareille hypothèse. Celle de l'apparition, en des âges successifs du globe, d'êtres, aussi complexes que le sont les animaux supérieures, n'est guère plus soutenable. Nous semblons donc, pour ainsi dire, condamnés au transformisme. Le danger, qui peut résulter ici de l'admission d'une pareille hypothèse, consiste moins, en ce qu'elle a de blessant pour notre orgueil, que dans les vicieuses habitudes mentales qu'elle tend à perpétuer. Ainsi la philosophie négative y a trouvé des arguments pour le maintien de ses dispositions vers l'absolu et la recherche des causes. Les faits, d'après lesquels elle repousse toute idée d'intervention surnaturelle dans les choses relatives à l'ordre physique et moral, ne peuvent cependant constituer que des présomptions. Si l'étude des phénomènes, par lesquels se manifeste l'existence des êtres, et dont l'ensemble constitue la vaste hiérarchie abstraite des évènements, n'avait révélé l'immuabilité des lois qui régissent toutes les existences, la raison humaine serait encore bien fluctuante dans ses affirmations, surtout en ce qui concerne le domaine social et moral. C'est d'après le pressentiment de ces grandes lois, plus que de d'après la connaissance des êtres vivants, que le grand Lamarck, octogénaire et aveugle, a maintenu jusqu'au dernier terme de sa noble carrière les convictions de ses jeunes années. Nous voyons au contraire Darwins, l'apôtre du dogme rajeuni de la sélection, affirmer au contraire en mourant sa croyance en Dieu. Ce rapprochement ne suffit-il pas à lui seul pour montrer l'instabilité de toute conviction qui ne repose pas sur une connaissance suffisante des lois qui régissent les phénomènes.

Tout en réservant notre opinion relativement à la filiation des êtres, telle qu'elle est du moins présentée de nos jours par certaines écoles, nous dirons cependant que nous n'avons aucune répugnance à admettre dans le passé la modificabilité des espèces au degré que réclame leur transformation, en des conditions qui n'existent plus de nos jours, alors que le milieu terrestre était encore soumis à des fluctuations qu'il nous est impossible de nier. Peu nous importe, au fond, l'hypothèse à laquelle on pourra se rallier un jour, pourvu que les naturalistes et les géologues reconnaissent, ce qu'ils n'ont pas encore fait et ce qu'ils ne sauraient cependant se refuser à admettre, qu'en se compliquant, tout organisme devient par cela même, plus apte à résister à l'action du dehors et que d'un autre côté, le milieu terrestre lui-même semble se fixer de plus en plus.

Pour ces différentes raisons les types qui ont survécu, en résistant aux changements survenus au dehors, ont dû tendre naturellement à se fixer. Mais il est une raison, plus puissante encore que celle que nous venons d'invoquer, pour nous autoriser à croire à une telle tendance, et pour nous convaincre que toutes les espèces, tant animales que végétales, existant à l'heure actuelle à la surface de notre globe, ne comportent plus que des modifications limitées, c'est la prépondérance humaine. On peut, je crois, désormais affirmer que toutes les espèces vivant à l'heure actuelle sur notre planète, sont définitivement fixées ou sur le point de l'être. L'empreinte de l'homme se trouve partout. Voilà ce qu'il est possible de dire, conformément à d'antiques traditions.

Les géologues sont à peu près d'accord sur l'époque de l'apparition de l'homme sur la terre ; c'est vers les dernières formations tertiaires. Depuis cette époque, si remarquable dans l'histoire de la Planète, les traces de son industrie se trouvent presque en tous lieux. De vieilles traditions, relativement récentes, nous rappellent les luttes qu'il eut à soutenir pour défendre son existence contre des animaux mieux armés que lui. De combien de destructions ne dût-il pas s'entourer pour rendre habitable la planète dont il allait prendre possession. Que de végétaux détruits pour assurer ses premières étapes pastorales, pour asseoir ses premières cultures. Aujourd'hui tout porte son empreinte, tout a été soumis à son empire. Cette Terre, il l'a façonnée en quelque sorte à son usage, il l'a rendue habitable.

C'est surtout ici qu'il importe d'introduire le point de vue humain pour ne point s'égarer davantage en des recherches dont l'utilité peut être contestée quand il s'agit de l'étude de l'Homme. L'art seul peut trouver quelque intérêt à poursuivre ces recherches ; mais placés au point de vue social, nous devons considérer comme oiseuse toute conception qui, à la réalité, ne joindrait pas l'utilité. C'est aux ingénieurs, aux métallurgistes, aux agriculteurs même, qu'il faut laisser l'étude des transformations qu'à subies notre globe, et cela en vue des richesses qu'ils pourront tirer de son sein. La science de l'Homme en a obtenu tout ce qui lui était essentiel de connaître, à savoir que le sol sur lequel nous vivons est de nos jours assez stable pour qu'on n'ait plus à craindre de disparaître dans une nouvelle commotion, ensuite que tous les êtres qu'il nous importe de connaître ont atteint un degré de fixité qui nous permet de les conserver, de les façonner à notre usage. Au point de vue logique, comme au point de vue doctrinal, le dogme de la fixité des espèces ainsi compris reçoit une consécration destinée à bannir de notre esprit tout le vague que pouvait y laisser l'idée d'une fluctuation illimitée. Cette consécration, le Positivisme la tire aujourd'hui des considérations que nous venons d'explorer relativement à la prépondérance universelle de l'Humanité sur tous les êtres qui l'entourent.

Nous devons nous élever en passant contre la doctrine de la sélection vitale, quand on veut l'appliquer à l'Homme. Elle joue un rôle important dans l'œuvre de M. Darwin, quoiqu'on puisse contester l'influence prépondérante qu'il lui accorde dans la modificabilité des espèces. Cette doctrine est-elle d'ailleurs aussi originale que le prétendent les compatriotes de M. Darwin.

Notre grand Buffon est peu lu de nos jours, on ne connaît guère de lui que quelques morceaux qu'on met entre les mains des élèves de rhétorique. « Les « espèces les moins parfaites, les plus délicates, les « moins agissantes, dit-il, ont déjà disparu ou dis- « paraîtront. Dès que par un hasard assez ordinaire « à la nature, il se sera trouvé dans quelques indi- « vidus des singularités et des variétés apparentes, « on aura taché de les perpétuer, en unissant « ensemble ces individus singuliers, comme on le « fait encore aujourd'hui lorsqu'on veut se procurer « de nouvelles races de chiens ou d'autres animaux, « comme on l'a fait aussi pour avoir des chats « blancs, des lapins blancs et des chiens blancs, des « chèvres blanches et des cerfs blancs. »

N'est-ce pas là toute la théorie contemporaine de la sélection, de la lutte pour la vie. Que le naturaliste anglais ait voulu voir dans cette lutte la principale cause des transformations ou modifications survenues chez les êtres vivants, c'est ce qui peut paraître trop absolu. Le génie philosophique concevait plus largement qu'il ne l'a fait la théorie de la modificabilité vitale. Auguste Comte l'avait déjà formulée au début de sa carrière. Il la reproduit plus tard sous une forme systématique dans le tome second de sa Politique

Positive. Les modifications de l'ordre universel, faut-il remarquer, sont dues à la fois, au milieu, à l'ensemble des influences vitales, et à l'action de plus en plus prépondérante exercée par l'Humanité sur tout ce qui nous entoure. De cette grande théorie, n'est-il pas facile de tirer tout ce qu'on a qualifié plus tard de lutte pour la vie. Chaque être vivant est modifié dans sa constitution, tant physique que morale, non seulement par l'action du milieu, où il est appelé à vivre, et par la concurrence qui s'établit entre lui et ses voisins, mais aussi par les changements qu'apportent dans sa constitution, cérébrale ou corporelle, les dispositions qu'entretient en lui cette concurrence elle-même, c'est-à-dire la réaction conservatrice de l'être.

Le régime académique par les dispositions dispersives qu'il développe devait inévitablement favoriser les idées de sélection vitale; mais c'est surtout dans le pays de Malthus que de pareilles idées devaient naturellement avoir le plus de retentissement. Elles ne pouvaient que favoriser les tendances de la race anglo-saxonne, si disposée déjà à abuser de la force, à poursuivre l'extermination des races inférieures et des civilisations attardées. Telle est l'insociable doctrine qu'on répand parmi nous et qu'encourage par son adhésion le monde académique.

Sans contester, pour me servir des expressions mêmes dont se sert notre grand Buffon, que les espèces moins parfaites, moins agissantes, moins bien armées, devaient disparaître devant celles qui se trouvent mieux organisées, il faut pourtant énergiquement protester de nos jours contre l'extension de semblables idées, à la marche de la civilisation humaine. C'est aux plus avancés parmi nous à tendre désormais la main aux moins avancés ; c'est à eux à ménager des transitions, qu'une théorie de l'évolution humaine nous permettrait déjà d'instituer, si on voulait la consulter. Nos explorations africaines, conduites par des aventuriers sans moralité, ne peuvent que nous aliéner de naïves populations encore tout empreintes du fétichisme initial. Cependant pas une voix ne s'est élevée dans nos coteries scientifiques pour protester contre de honteuses pratiques tolérées par des gouvernements incapables de respecter les faibles.

En contenant l'avènement des vues d'ensemble, qui pouvaient seules arrêter ces regrettables pratiques, le régime académique les consacre en quelque sorte, par les encouragements qu'il donne à la doctrine de la sélection. Nous le répétons, l'extermination des races attardées, comme incapables d'assimilation, en est la conséquence forcée et personne ne s'élève contre une doctrine qui eut soulevé l'indignation de ces généreux navigateurs du 18ᵉ siècle, qui payèrent parfois de leur vie le respect de leurs semblables.

Il eut fallu une bien puissante autorité, avons nous dit, pour arrêter le gaspillage des forces cérébrales auquel nous assistons depuis le commencement de ce siècle, c'est-à-dire depuis la restauration du régime académique. L'avènement de la synthèse finale, de la religion de l'Humanité, veux-je dire, contiendra sans doute toutes les tendances dispersives ; cependant, ainsi que le pressentait déjà Buffon, les anciens habitants de la terre doivent avoir leur histoire, tous les témoins des transformations subies par notre globe parlent trop éloquemment à certaines imaginations pour qu'on puisse jamais espérer étouffer leurs voix. Il faudra tôt ou tard se décider à écrire l'histoire de notre Planète. C'est à la poésie utilisant toutes les lacunes que laissent après eux tant d'évènements, qui probablement resteront toujours incomplètement connus, à nous présenter une conception qui, tout en respectant la réalité objective, satisfasse nos légitimes aspirations. L'œuvre du grand Buffon fut évidemment prématurée, mais elle répondait à des besoins déjà vivement sentis. On était avide de connaître l'histoire de cette Terre d'où nous sortons et où nous retournerons.

Ce n'est pas ici le moment de développer la grande construction qui sert d'introduction à la *synthèse subjective*. L'incorporation du Fétichisme au Positivisme ouvre désormais un vaste champ à la poésie et permet de condenser en des images appropriées des aspirations trop légitimes pour qu'on ne s'inquiète pas de les satisfaire. C'est un imposant spectable, en effet, que celui que nous présente notre globe depuis qu'il s'est détaché de l'astre central. Toutes les transformations qu'il a subies, l'apparition et la disparition successive de tous les êtres qui y ont laissé leurs empreintes et les traces de leur passage, jusqu'à l'avènement de l'Homme, le plus complet et le plus grand d'entre eux, tout cela peut certainement inspirer un beau génie poétique. Toutes les audaces esthétiques sont permises quand elles ne blessent pas la réalité. Le poète qui anime la fleur des champs, qui établit entre elle et l'hôte des airs, un échange de sentiments et de pensées, n'est pas plus éloigné de la réalité que le savant qui veut tout expliquer par ses fluides imaginaires. La vie morale, accordée à ces deux êtres, mis en présence par le poète, a au contraire une réalité subjective parfaitement conforme à la manifestation de nos meilleurs sentiments.

La grande nation, d'où est sorti le Positivisme, est-elle déchue de la présidence philosophique qu'elle exerça en Occident, depuis le neuvième siècle, ainsi qu'on l'entend dire journellement autour de nous par ceux qui souvent n'ont d'autre mérite que d'habiller à neuf de vieilles utopies françaises ?

Plaçons-nous un instant au point de vue où sera la postérité et supposons que le Positivisme ait enfin triomphé des obstacles qui s'opposent à son avènement, qu'il soit accepté de tous. Croira-t-on, qu'en ce siècle de confusion générale, le génie philosophique se soit retiré de nous ? C'est au jugement de la postérité qu'il faut en appeler des déclamations des faiseurs germaniques ou anglais, tant prônés encore parmi nous.

Nous avons parlé de la grande trahison des savants français méconnaissant leurs devoirs vis-à-vis de la postérité et s'alliant aux discoureurs parlementaires pour sauver leurs prébendes. Ceux-ci avaient intérêt à maintenir un régime de spécialité dispersive, que la grande liberté, la liberté spirituelle, eut à tout jamais compromis. Comme dernière conséquence de ce régime, nous voyons la suprématie philosophique française compromise et contestée en un temps, où elle est universellement réclamée pour préparer de nouveaux moyens de directions. Toutes les rétrogradations sont solidaires, a dit Auguste Comte, et nous en trouvons ici la preuve. C'est, ici encore, nous ne cesserons de le répéter, qu'on peut reconnaître la sagesse de notre grande assemblée conventionnelle, quand, rompant avec des préjugés consacrés par le temps, elle supprimait toutes les corporations scientifiques et littéraires, comme funestes à l'avènement de tout vrai progrès.

§ IV.

DES CONSÉQUENCES

DE LA RÉVOLUTION FRANÇAISE

AU POINT DE VUE SPÉCULATIF ET SOCIAL

En un temps où toutes les vieilles croyances sont épuisées, où tout semble réclamer de nouveaux moyens de direction, c'est alors, avons nous dit, que les obstacles les plus grands s'opposent à leur avènement. Nous ne pouvons que le répéter, ce n'est, ni dans l'insuffisance de ceux qui, à n'importe quel titre, se sont trouvés placés à la tête du mouvement positiviste, ni même dans la regrettable déviation où se sont laissés entraîner beaucoup d'adeptes de la nouvelle doctrine, qu'il faut chercher l'explication du temps d'arrêt qu'elle a subi, soit dans sa marche, soit dans son installation. La conspiration du silence, sous laquelle on a voulu étouffer la parole du grand philosophe, est depuis longtemps déjouée ; son œuvre est dans toutes les mains et malgré cela elle attend encore son heure.

Sans vouloir absoudre les disciples, qui ont altéré ou compromis l'enseignement de leur maître, c'est ailleurs que dans leur conduite qu'il faut chercher la véritable cause de l'insuccès des diverses tentatives qui ont été faites depuis plus de trente ans, pour amener à une suffisante notoriété des doctrines que n'ignorent de nos jours, aucun des nombreux écrivains qui nous inondent de leurs élucubrations. Pour sortir du cercle vicieux où nous enferment des institutions oppressives et pour assurer la grande liberté, sans laquelle aucune idée nouvelle ne peut se faire jour, il fallait déjouer avant tout la coalition du parlementarisme et des intérêts scientifiques, par laquelle tout s'est trouvé contenu autour de nous. C'est cette coalition, on ne peut en douter désormais, qui constitue une barrière infranchissable à tout véritable progrès. Aussi est-ce à la briser que doivent converger, osons-nous dire, tous les efforts, non pas seulement des vrais positivistes, mais de tous ceux qui ont des croyances à défendre, de tous les vrais libéraux enfin.

Depuis la fin du moyen-âge, a dit Auguste Comte, l'Occident tout entier assiste à un double mouvement à la fois de décomposition et de recomposition. Par une déplorable fatalité, ces deux mouvements se sont propagés avec une telle inégalité de vitesse que toutes les anciennes croyances étaient déjà radicalement déchues, quand celles qui étaient destinées à les remplacer sortaient à peine de leurs langes. C'est ce qui explique comment, lorsqu'éclata, à la fin du siècle dernier la crise révolutionnaire, ce fut à la doctrine négative, dont Rousseau fut alors le principal organe, qu'on fut réduit à demander une nouvelle direction et des moyens de consécration.

Après un intermède sanglant de quelques mois, une telle doctrine était cependant elle-même assez discréditée, malgré un engouement passager, pour susciter une réaction, qui ne put, elle-aussi, répondre à aucune des exigences du moment. La tyrannie militaire à laquelle nous fûmes entrainés, après que fut assuré la défense nationale, vint aggraver la situation, en discréditant l'institution dictatoriale, que tout réclamait impérieusement. Elle nous jeta après sa chûte en des essais divers de parlementarisme, malgré tout ce qu'un tel régime avait d'inconciliable avec nos antécédents français.

Par une déplorable fatalité, ce fut encore, après un triste essai de dictateur militaire, que fut accrédité, à la suite de nos récents désastres, le régime que vient de relever, la tourbe des discoureurs, que patronne une presse aussi vénale qu'insensée. Quoique la doctrine négative soit toujours invoquée dans les actes officiels, quoique la souveraineté du peuple soit l'unique moyen de sanction usité parmi nous, il n'est pas moins certain que la doctrine négative et la souveraineté populaire sont désormais aussi épuisées que tous les dogmes théologiques, qu'on a cru avoir ainsi remplacés. Voilà sur quel fond nous vivons depuis toute une génération.

Dans ces conditions, et vu l'absence de toute doctrine sociale ou morale, les intérêts matériels devaient infailliblement prendre le dessus.

Ainsi s'est constituée l'union des discoureurs et des savants officiels, mise bientôt en service des plus grossiers appétits. Une pareille coalition devait inévitablement consacrer la prépondérance des financiers, que ne pouvait plus contenir aucun pouvoir supérieur. C'est ainsi que s'est trouvée compromise pour longtemps la double mission assignée au présent par l'ensemble du passé, mission, a dit le grand novateur qui consiste d'une part à substituer une foi démontrable à toutes les vieilles croyances théologiques désormais épuisées, et d'un autre à incorporer à la société un prolétariat, qui depuis la fin du moyen-âge, n'y est pour ainsi dire, que campé. Si la première de ces deux missions se trouve suspendue par l'absence de toute liberté spirituelle, la seconde ne l'est pas moins par le détournement de leur véritable destination des capitaux humains, jetés en de honteuses et coupables spéculations.

Les grands esprits du xviiie siècle ne pouvaient certes prévoir à quelles terribles conséquences exposaient la postérité les doctrines sur lesquelles ils avaient basé tant de généreuses aspirations. En constatant les déceptions, souvent bien cruelles, par lesquelles nous avons passé, depuis près d'un siècle, n'est-on pas forcé de s'avouer que la révolution française, quoique fatalement amenée par le discrédit même, où étaient tombées toutes les vieilles institutions, n'a été au fond qu'un avortement. Une succession d'hommes d'état de la trempe d'un Turgot, d'un Frédéric, aurait pu sans doute donner une tout autre direction aux évènements qui ont marqué la fin du siècle dernier, et conjurer l'orage que le génie philosophique voyait depuis longtemps s'amonceler de toutes parts. Un homme manqua à la situation.

Après la crise finale, il est certain qu'une dictature républicaine arrivant à temps aurait pu contenir un excès d'anarchie et favoriser l'élaboration de nouveaux principes. Malheureusement, par une fatalité que rien ne saurait motiver, cette dictature, que tout réclamait alors tomba entre les mains d'un homme étranger à nos mœurs et à notre pays, nourri des préjugés d'un autre temps, et à qui toutes les audaces semblaient permises.

Il n'y a pas, dit-on, de société sans gouvernement, on n'a jamais vu non plus de gouvernement sans religion, c'est-à-dire sans moyen de direction et de consécration?

Nous avons vu, lors de la formation des grandes nationalités modernes, le pouvoir spirituel, partout subalternisé et même absorbé par le pouvoir temporel. La force fut ainsi naturellement appelée à suppléer la foi qui était partout défaillante. Mais une telle situation était trop précaire pour durer sans encombre. Aussi tous les gouvernements qui se succédèrent pendant trois siècles, et principalement après la grande crise révolutionnaire, furent-ils toujours condamnés à flotter, a dit Auguste Comte, entre la rétrogradation et l'anarchie. Tel fut le caractère que présente de nos jours le gouvernement français. Aujourd'hui c'est l'anarchie qui l'emporte et toutes les voies semblent ouvertes à la plus complète désorganisation. Au mépris de tous les plus recommandables préjugés, tout ce qui avait, en quelque sorte surnagé, dans le naufrage révolutionnaire, a fait place à un scepticisme dissolvant, qui s'associe au cynisme le plus effronté. Il ne fallait rien moins que cette honteuse union pour nous acculer au plus dangereux de tous les régimes : le règne d'une assemblée.

Quelque invraisemblable que puisse paraître à notre chétive génération ce que nous disons ici, nous osons affirmer que la révolution contre laquelle on se débat pour ainsi dire depuis si longtemps et que les partis, au jour de leur éphémère triomphe, croient toujours avoir contenue ne peut prendre fin que par l'avènement d'une foi nouvelle et disons le mot, d'une nouvelle religion.

La révolution, c'est la négation de toute autorité ; or peut-on désormais constituer d'autre autorité que celle qui tire sa consécration du passé et de l'avenir. Quelle autre doctrine peut conférer une telle investiture, si ce n'est celle qui nous montre notre dépendance à l'égard de nos prédécesseurs, et, par la reconnaissance qu'elle doit nous inspirer envers eux, nous disposer à travailler au bonheur de ceux qui viendront après nous.

Tout esprit philosophique qui entreprendra avec

cette conviction la comparaison des deux grandes crises qui amenèrent au 17ᵉ et au 18ᵉ siècles, l'abolition de la royauté, en Angleterre et en France, verra combien la première fut plus complète, mieux inspirée, mieux dirigée, plus rationnelle, pour ainsi dire, que la dernière. Quoique ce fut la doctrine négative qui présida de part et d'autre aux deux mouvements, l'un se présenta sous la forme religieuse, tandis que l'autre se fonda sur la négation de tout sentiment religieux, et sous l'invocation de la froide raison.

Après l'avortement inévitable de la première tentative, ne vit-on pas ceux des indépendants de Cromwel, qui avaient survécu, quitter l'Angleterre, se refuser à s'associer à toute autre forme de gouvernement qu'à celle qu'ils avaient conçue et aller tenter en Amérique la réalisation de leurs espérances. Pourrait-on en dire autant des républicains français, de ceux, montagnards ou autres, qui avaient traversé la crise révolutionnaire ? Ne les vit-on pas se plier sous la tyrannie de Bonaparte, y accepter des emplois et s'accomoder enfin, après la chute de l'empire, de tous les régimes qui voulurent bien accepter leurs services ?

Le philosophe qui se livrera à un tel rapprochement, s'il est obligé de reconnaître l'inanité des doctrines négatives, leur impuissance à fonder quoique ce soit de durable, ne sera pas moins forcé de convenir que toute conviction qui ne se concrète pas, pour ainsi dire, dans une forme religieuse quelconque, répondant aux grandes aspirations du cœur et aux exigences de l'esprit, ne saurait résister longtemps aux dissolvants qu'entraînent toujours à leur suite les intérêts matériels.

Si une saine philosophie doit désormais subordonner tout progrès à une pleine séparation entre le spirituel et le temporel, peut-on espérer de voir une telle séparation s'effectuer sous la dictature parlementaire, et se dégager sous un tel régime, la foi qui doit mettre fin à l'ère des révolutions.

Par cela même que le catholicisme avait plus particulièrement à souffrir de la confusion des pouvoirs, en pouvait croire, que mieux renseigné sur ses véritables intérêts, et plus jaloux de sa dignité, il saurait prendre une initiative si souvent conseillée par ses plus clairvoyants adeptes. Tout semblait de nos jours l'y inviter. Mais existe-t-il encore dans son sein cette unité de décisions que réclame toute mesure énergique. La dénonciation du Concordat, que paraissent voir d'un œil favorable les divers clergés réguliers, et surtout la célèbre compagnie, qui depuis plus de trois cents ans maintient l'unité de l'église, est loin d'enthousiasmer, disons-le, le clergé séculier, que sa composition, et surtout son mode de recrutement, parmi les plus infimes fidèles, laissent à la merci d'un pouvoir qui l'a aujourd'hui entièrement subalternisé. Pendant que le clergé militant, aspirant à l'indépendance, déclare que la papauté ne saurait se croire liée par un concordat, qu'un récent concile ocuménique a d'ailleurs déchiré, en proclamant l'infaillibilité du chef de l'église, nos évêques français, comme il fallait l'attendre de leur état de dépendance, acceptent de devenir, malgré leurs protestations, des fonctionnaires d'état. Il ne faut donc s'attendre à aucune résolution vérile d'un clergé ainsi subalternisé pour s'affranchir de ceux qui ont toujours vu dans l'acte, qu'il n'ose repousser, qu'un moyen de le tenir sous leur dépendance. En le poussant à prendre une résolution énergique, seule compatible avec sa dignité, le Positivisme lui a déjà montré, combien différente serait sa position dans la société française et à quel regain de popularité il pourrait prétendre s'il faisait de la renonciation à toute position officielle la condition de la liberté spirituelle. Par une telle renonciation, il pourrait, en effet, exiger sans crainte la suppression des deux budgets théoriques, universitaire et académique, et concourir ainsi à l'établissement de la vrai liberté. Mais n'est-il pas à craindre qu'il n'y ait plus assez de foi chez nos prêtres et nos évêques concordataires pour oser s'en remettre, de leur entretien, au dévouement des fidèles ?

S'il faut renoncer à l'espoir de voir les directeurs catholiques prendre eux-mêmes les résolutions que réclame leur dignité, de qui donc faut-il attendre désormais l'initiative des mesures que tout semble cependant recommander ? De la pression de l'opinion a-t-on dit. Mais elle n'existe plus en France. La coalition du monde parlementaire et de nos savants salariés, en contiendrait d'ailleurs les effets. La masse prolétaire qui pourrait peser si utilement dans la balance de nos destinées, n'est-elle pas elle-même détournée de ses voies par des sophismes économiques sur la nature et la destination de la fortune publique, dont les nourrissent, depuis tant d'années, des chefs indignes, qui n'ont d'autre ambition que de se substituer à ceux dont ils ont toutes les convoitises.

Pour sortir de ce cercle sans issue, où nous rive la dictature parlementaire, faut-il se résigner à voir notre malheureux pays, à l'exemple de certaines républiques de l'Amérique du Sud, passer par une succession plus ou moins longue de prononciamentos militaires. C'est ce qu'Auguste Comte considérait comme toujours possible, en un temps où les discoureurs font la loi. Aurait-il modifié sa manière de voir à cet égard, aujourd'hui que la défense nationale nous oblige à entretenir sur pied de guerre une formidable armée. Que fut le coup d'état de décembre, sinon un véritable pronociamentos ? N'était-ce pas d'ailleurs un mouvement de même nature qu'on redoutait lorsqu'on a brisé l'épée du général populaire ? Tout ne nous autorise-t-il pas à croire qu'on est encore sous l'empire de cette crainte? N'a-t-on pas vu, en effet, une assemblée affolée chercher hors de l'armée un ministre de la guerre ? Une pareille crainte nous paraîtra d'autant plus fondée qu'il est impossible de ne pas reconnaître, que s'il est un corps, au milieu de la démoralisation générale, qui ait conservé quelque sentiment du devoir, c'est bien l'armée française. Quoiqu'elle ne soit jamais restée indifférente à nos luttes civiles, il faut reconnaître qu'elle ne s'y est mêlée jusqu'ici, pour ainsi dire, que contrainte et forcée. C'est au nom de l'ordre, compromis ou menacé, que les partis au pouvoir ont toujours fait appel à son concours. Mais lorsque le pouvoir se discrédite chaque jour de plus en plus, que le cynisme semble faire loi, que de scandaleux procès nous montrent la vénalité des gouvernants, est-il permis de penser qu'elle restera toujours passive ? Pourra-t-on toujours demander un dévouement aveugle à des gens qui, pour être soldats, n'ont pas cessé d'être citoyens ? N'y a-t-il pas dans ces diverses considérations, qui sont de tous les temps, quelque chose qui doive éveiller l'attention de tout penseur.

Etant donné la nécessité d'une dictature républicaine, le Positivisme s'est depuis longtemps appliqué à en fixer les conditions. D'abord elle doit être uniquement temporelle ; ce qui implique la suppression des trois budgets, académique, universitaire et clérical. Elle doit en outre s'appliquer à assurer l'indépendance du pouvoir central à l'égard des pouvoirs locaux, c'est-à-dire de Paris à l'égard de la Province, d'où la nécessité d'une entière décentralisation administrative. Toutes les grandes réformes concernant la magistrature, une meilleure administration de nos finances et toutes celles qu'il est inutile d'énumérer, découleront naturellement de ces deux mesures. Dans l'hypothèse que nous poursuivons, un parti à la fois conservateur et progressiste ne tardera pas à se constituer.

La substitution de la dictature républicaine au parlementarisme actuel devient en quelque sorte une des nécessités les mieux senties de la situation présente. Elle est, j'ose le dire, dans tous les esprits sérieux. Se fera-t-elle longtemps attendre ? C'est ce qui semble probable, vu l'absence de toute opinion publique. Quoiqu'il en soit le devoir de tout positiviste est de travailler à la formation de ce parti, à la fois conservateur et progressif, seul capable de concilier les besoins d'ordre et de progrès. Il leur reste d'ailleurs pour les aider dans cette œuvre un auxiliaire puissant, c'est l'excès même du mal, qui ne peut tarder à ouvrir bien des yeux. Il est certain que si un coup de force, toujours possible, ou un mouvement populaire, ne met un terme au règne des discoureurs, unis aux pédants, un cri de détresse ne peut manquer d'être poussé. La doctrine, qui a solution à tout, sera alors certainement invoquée, pour peu que ses propagateurs ne restent pas trop inactifs. N'est-ce point l'assurance que doit nous donner un fait des plus significatifs naguère constaté. Quoiqu'il ait été diversement commenté, ce n'est pas moins au fond une véritable protestation du pays contre ce qui se passe en ce moment. N'avons-nous pas vu, en effet, toutes les nuances d'oppositions, républicaines ou rétrogrades, se fondre en quelque sorte pour protester contre un état de choses, qui en tenant compte de la totalité ses votes émis, compte certainement plus d'adversaires que d'adhérents. La coalition des partis ne saurait être ici contestée, et si l'on consulte la répartition des votes, on se convaincra que le gouvernement a été abandonné par tous les partis indépendants du pays. Malgré la pression officielle, malgré le poids d'un million de fonctionnaires jeté dans l'urne électorale, les voix ne se sont pas moins balancées.

Eh ! bien si cette coalition de mécontentement, avait pu produire à temps un programme répondant aux exigences de la situation, à nos besoins d'ordre et de progrès, n'est-il pas à croire que les choses auraient pu autrement tourner. Mais ce programme de conciliation, destiné à rapprocher les esprits sérieux, qui pouvait le fournir, sinon la grande doctrine, parlant au nom du passé et de l'avenir.

Quand l'inconséquent chef du parti, qualifié alors de national, est monté à la tribune pour sommer la cohue parlementaire d'avoir à se retirer, sa crânerie était en parfaite situation. Mais ses hésitations, lorsqu'il a voulu fixer la nouvelle forme gouvernementale, ont prouvé que si sa protestation pouvait répondre aux vœux du pays, il n'avait pas suffisamment réfléchi sur la gravité des évènements fort complexes, qu'entrainait tout changement, de régime. On ne s'est pas senti au dehors suffisamment rassuré.

Nous l'avons dit assez souvent, un homme d'état, de la trempe d'un Frédéric, d'un Richelieu, ou autre, ne pourrait de nos jours que faire fausse route au milieu de la plus complexe des situations contemporaines, sans les lumières d'une science supérieure ;

mais nous l'avons dit aussi, une pareille science ne se serait pas développée dans leur voisinage sans qu'ils n'en eussent eu connaissance. Rappelons encore qu'un grand ministre de la Restauration envoyait des félicitations au philosophe adolescent qui osait signaler la vrai nature du mal et en indiquer le remède. Le positivisme aurait pu fournir d'excellents conseils à ceux qui entreprenaient la lutte contre le régime parlementaire, s'ils avaient été assez bien inspirés pour les demander et surtout capables de les comprendre.

Il n'y a rien d'illusoire ni même d'exagéré dans nos espérances de voir l'excès du mal rapprocher dans une même action tous ceux qui n'auront pu se résigner à voir leur pays livré à la rapacité des derniers venus à la fortune. La grande voix du Positivisme sera alors entendue, elle ne restera pas sans écho, un homme surgira, de son sein peut-être. Si le philosophe a tracé la voie, c'est à l'homme d'état maintenant à nous y engager. Il nous semble qu'il ne peut tarder à paraître. Il est des hommes qu'enfante la nécessité, on les a qualifiés jadis de providentiels, et ils le sont par le fait qu'ils sont attendus et destinés à pourvoir aux exigences d'une situation.

La Révolution ne comporte d'autre solution, qu'on en soit bien convaincu, que l'avènement d'une nouvelle foi, répondant mieux que toutes celles qui l'ont précédée, aux grandes aspirations du cœur et de l'esprit. Un observateur attentif pourrait s'apercevoir déjà, au milieu des basses passions qui grouillent autour de nous, que les distinctions de partis tendent aujourd'hui à s'effacer. Quoique encore peu prononcée une autre répartition tend à s'effectuer parmi nous. Si d'un côté on voit se porter toute la masse de ceux qui n'ont que des intérêts, d'un autre se groupent tous ceux qui ont conservé quelque tradition d'honneur, qui ont encore quelque idéal dans le cœur.

Dans cet état de choses, qui ne peut que s'accentuer davantage, le grand philosophe n'était-il pas autorisé à penser qu'une ligue religieuse pourrait bien se constituer, en réunissant tous ceux qui ont des croyances, une religion en un mot, contre ceux qui n'en ont pas. La formation d'une pareille ligue peut certes précéder l'avènement de la dictature républicaine, mais elle en sera à coup sûr la conséquence. Avant de mourir Auguste Comte croyait pouvoir systématiser ce qu'il n'avait fait qu'indiquer jusqu'alors, dans ses conversations, ou dans sa correspondance. Que tous ceux, qui ne croient pas en Dieu, se réunissant sous la bannière du Positivisme, disait-il, que les Déistes, Protestants, Catholiques, Israélites, ou tous autres partisans des croyances théologiques, s'unissent dans une même action.

La ligue religieuse que prêche de nos jours le Positivisme, n'est certes pas une conception théorique, comme on pourrait le supposer. Elle résulte, pour les natures, qui ont encore dans le cœur quelques sentiments élevés, d'un besoin d'ordre, et ne peut être qu'une protestation naturelle contre l'invasion des appétits inférieurs. La direction, comme l'institution, en revient nécessairement au Positivisme. Lui seul, en effet, s'il ne peut défendre les croyances attardées, peut les faire tolérer, dans un milieu dépourvu de consistance, en invoquant leur utilité sociale. Une telle ligue sera naturellement dirigée contre les révolutionnaires de toutes nuances, comme étant à la fois perturbateurs et arriérés.

Si nous jetons maintenant un coup d'œil rétrospectif sur le passé, comment pourrons-nous nous défendre d'une profonde douleur, en nous rappelant toutes les défections auxquelles nous avons assisté dans le cours de ces deux dernières générations. Rien ne montre mieux l'absence de toutes convictions. La flétrissure, qu'Auguste Comte jetait sur l'ensemble de ses contemporains, n'est hélas ! que trop justifiée. Elle s'étend à tous ceux qui ont été tour à tour élevés au pouvoir, qui ont eu charge d'âmes, qui ont été investis de la confiance publique. Mais c'est surtout aux dépositaires du savoir humain, à ceux qui en ont trafiqué, qu'elle s'adresse spécialement. Quand au début de sa carrière il s'adressait à eux, leur révélant les grandes lois, par les quelles il venait de clore l'ère scientifique, les invitant à constituer une nouvelle direction spirituelle, n'était-ce pas leur signaler assez tout le mal qui pourrait résulter de l'absence prolongée de toute direction. Se sont-ils plus tard ravisés, quand il n'était plus possible de méconnaître la nature et l'étendue du mal,

L'amour du lucre et la vanité les avaient déjà envahis. Toujours inclinés devant tous les pouvoirs, ils sont allés de nos jours, jusqu'à consacrer, par le reste de crédit dont ils jouissent auprès du public, toutes les turpitudes parlementaires.

Si l'on croit à l'étranger la France déchue de la présidence philosophique, qu'elle a jusqu'à nos jours exercée en Occident, qui faut-il en accuser ? Tant de savantes niaiseries, qui sont, au lendemain même de leur éclosion, remplacées par de nouvelles, pouvaient-elles donner au monde une haute idée de leur capacité ? Toutes les divagations ont pu se faire jour sous le couvert académique, et notre jeunesse a pu librement se fourvoyer dans les sophismes scolastiques.

La conspiration du silence, sous laquelle on a voulu jadis étouffer la voix du philosophe adolescent, n'a pu l'empêcher de poursuivre la tâche que lui assignaient les destinées humaines. La révolution du dégoût tardera-t-elle à triompher de la coalition de la fausse science et de la cohue parlementaire ! L'Allemagne peut jouir en paix de la suprématie intellectuelle qu'elle s'attribue sur le reste du monde. Ce ne sont ni nos rhéteurs universitaires, ni nos académiciens qui la ramèneront à plus de modestie. Pour la pacification du monde, pour la gloire de notre malheureux pays, sacrifié, plus que tout autre, à la préparation des dogmes de l'avenir, des destinées humaines, la Religion de l'Humanité est fondée, elle attend son heure qui ne peut tarder de sonner.

SAUVETERRE-DE-GUYENNE

Imprimerie Henri LARRIEU

Au Siège du Groupe d'Action Positiviste
76, AVENUE DU MAINE
PARIS

D' G. AUDIFFRENT	A Monsieur Drumont, br. in-8	1 fr. »
—	La seconde à M. Drumont, br. in-8	1 fr. »
—	Une antique croyance, br. in-12	» 50
—	Aux vrais catholiques. Lettre au cardinal de Bonde, br. in-8	1 fr. »
—	La musique à travers les siècles, br. in-12	» fr. 50
—	Paris et la situation, 80 p. in-8	1 fr. 50
—	Parlementarisme, Dictature, br. in-12	1 fr. »
—	Une statue à Homère, br. in-12	» fr. 50
—	L'anarchie financière, br. in-8	1 fr. »
—	Le Positivisme des derniers temps, br. in-8	1 fr. »
—	Le temple de l'Humanité	1 fr. »
—	Saint-Paul et l'Eucharistie	1 fr. »
—	Notice sur la vie et la doctrine d'Auguste Comte, in-8	6 fr. »
—	Lettre à M. le Colonel de Rochas, br. in-8	1 fr. »
D' SEMERIE	Du gouvernement transitoire qui convient à la situation française actuelle, br. in-8	1 fr. »
PAUL BITTI	Une conversion, roman social avec préface du D' G. Audiffrent, in-12	3 fr. 50

Sauveterre-de-Guyenne. — Imp. H. Larnet

www.ingramcontent.com/pod-product-compliance
Lightning Source LLC
LaVergne TN
LVHW051509090426
835512LV00010B/2440